JN215123

未来へ ステップ！

新 仕事の図鑑

4

環境とカーボンニュートラル

新 仕事の図鑑 未来へ ステップ！ もくじ

4 環境とカーボンニュートラル

🎤 マークがついている記事は、インタビューが読めます！

仕事えらびの適性^{てきせい}、興味^{きょうみ}・関心^{かんしん}の目安を職業名^{しょくぎょうめい}の右横に３つ表示^{ひょうじ}しています！

体力 ………… 体力が必要^{ひつよう}。

運動神経^{しんけい} ……… 運動神経^{しんけい}が必要^{ひつよう}。

手先の器用さ^{きよう} … 手先をつかった作業が得意^{とくい}。

探究心^{たんきゅうしん} ……… 深くほりさげてきわめるのが好き^す。

アートセンス … 芸術的^{げいじゅつてき}センスが必要^{ひつよう}。

自然が好き^{しぜん　す} ………… 海や野山、川などの自然^{しぜん}が好き^す。

地道にこつこつ ……… 根気^{こんき}づよくとりくむことが好き^す。

リーダーシップ ……… 多くの人をまとめていく力がある。

チームワーク ………… ほかの人たちと協力^{きょうりょく}して仕事ができる。

コミュニケーション …… ほかの人たちと意見交換^{こうかん}ができる。

「環境とカーボンニュートラル」に かかわる仕事について

　私たちの身のまわりでは、1990年代以降、さまざまな環境面の変化がおきています。その代表的な例が、気温の上昇です。気象庁によると、日本の平均気温は、100年あたり1.35℃の割合で上昇していて、とくに1990年代以降、高温となる年が多くなっています。地上だけでなく、海面水温も上昇しています。

　気温や海面水温の上昇は地球温暖化によるもので、主な原因は地球をとりまく大気中の温室効果ガスの増加です。温室効果ガスの中でも大きな割合をしめているのが二酸化炭素です。二酸化炭素濃度が高くなった要因には、20世紀になってから活発化した化石燃料（石油や石炭）をつかっての発電、工業製品の製造、ガソリンを燃料に自動車を走らせるなどがあり、人間の活動によりもたらされてきました。

　現在、地球温暖化の進行にともない、集中豪雨の頻発、真夏日や熱中症患者の増加など、環境面で多くの弊害が発生しています。そこで登場したのが、カーボンニュートラルというとりくみです。

森林や草木が、二酸化炭素を吸収し、酸素を放出するはたらきをしていることに注目し、「温室効果ガスの排出量を全体としてゼロにする」ことをめざすものです（19ページ参照）。

　カーボンニュートラルを達成するためには、二酸化炭素の排出量の削減と、森林などの吸収作用をおこなう場所の保全と強化が求められています。これ以上環境をそこねないように二酸化炭素の排出量をへらし、省エネを心がけてくらすことは、地球上にくらす私たち全員の課題といえます。

　この巻では、二酸化炭素の削減に関連する環境分野、カーボンニュートラルに関連する分野の仕事を中心にとりあげています。本書を通じて、これらの分野ではたらく人たちの思いを知り、自分は何ができるかを考えるきっかけとなることを望んでいます。

「新・仕事の図鑑」編集委員会

異常気象研究者

平年とは大きくことなる気象や天候不順などの現象を、観測データなどをもとに分析していきます。

▲世界の気象状況の問題点を解説する、気象庁気象研究所の小林ちあきさん。

どんな仕事かな？

　1953年以降、さくらの開花日は10年あたりで1.1日早くなり、かえでの紅葉日（黄葉日）は、10年あたりで3.1日おそくなっています。このような変化は、雨のふり方や気温にもみられます。

　梅雨入りの時季になっても雨がほとんどふらず、夏のような暑さの日がつづいたり、逆にある地域だけが大雨にみまわれて災害が発生したりと、異常な気象現象が感じられるようになってきました。このように、過去に経験した現象からかけはなれた現象のことを、異常気象とよんでいます。

　気象庁では、気温や降水量などの観測値をもとに異常を判断する場合は、原則として「ある場所（地域）・ある時期（週、月、季節）において30年に1

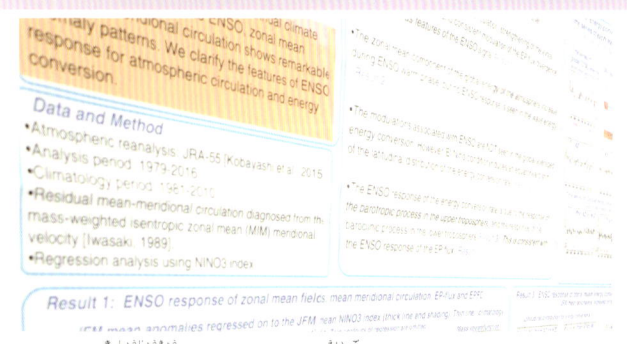

▲世界の気象状況についての文章は英語で書かれている。

回以下で発生する現象」を異常気象としています。

　気象の大きな変化は、人々の日常生活に影響をおよぼします。農業、林業、漁業、建設業、運輸業、宿泊業など、多くの産業にも影響をあたえます。

　気象庁や気象庁気象研究所、国や大学の研究機関、民間の研究機関などには、異常気象を専門に研究する部署がもうけられ、研究者が、異常気象に関するデータを分析し、考察する仕事にとりくんでいます。

気象庁が異常気象を伝える資料を作成

異常気象の代表例としては、猛暑、局地的な大雨があげられます。気象庁では、異常気象の増加により、自然災害のおそれが高まることを懸念し、その状況が一般の人にもわかるように地図やグラフなどにまとめて、ホームページで公表しています。

下の地図は、全国153地点の気温や降水量を、観測値と平年値との差や比であらわしたものです（2024年8月27日から9月23日までの4週間）。平年値は、1991〜2020年の30年間の観測値の平均をもとに算出しています。地図にまとめる際は、各地で観測された気象データを集め、地図上に配置し、同じ値のところを分析するなどの作業をおこなうほか、上空の天気図の作成や分析もおこないます。

異常気象を研究する気象研究所

気象庁気象研究所は、気象や気候、地震・津波などの気象業務に関する技術の改善や、さらに高度化するための研究・開発などをおこなっている研究機関です。研究で出た成果は、気象庁の業務改善などに生かされるほか、国内外の研究機関と連携するなどして、さまざまな形で社会に貢献しています。

異常気象の研究にとりくんでいるのは気候・環境研究部で、異常気象の原因やメカニズム、因果関係などを分析したり、将来にむけて検討したりしています。

また、大気と海洋をふくむ気候システムや、温室効果ガスに関するさまざまな観測データなどをもとに解析する仕事にもとりくんでいます。

猛暑

平年差とは、観測値と平年値との差です。平年値より大きい（高い）場合は「＋」、小さい（低い）場合は「−」の記号が数値の前についています。地図は色分けされているので、全国どこでも平年値より高いこと、＋2.0℃以上のところが多いことが読みとれます。

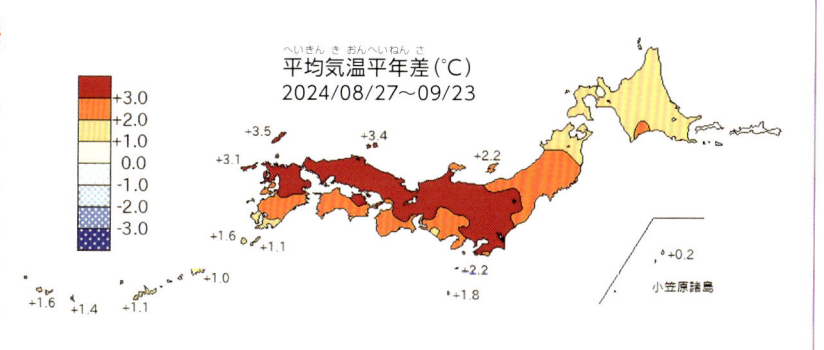

平均気温平年差（℃）
2024/08/27〜09/23

大雨

平年比とは、観測値の平年値に対する比をさし、百分率（％）でしめしています。％の数値が100をこえている場合は、平年値より降水量が多いことをしめしています。地図の色分けからは、九州地方から四国地方、東海地方から東北地方の降水量が多いことが読みとれます。

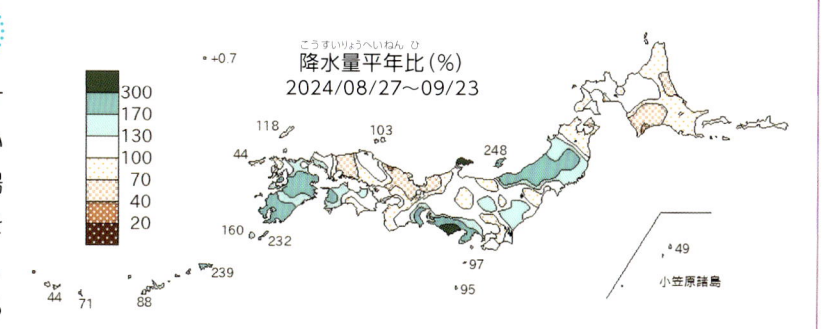

降水量平年比（%）
2024/08/27〜09/23

(2024/9/24 更新)

（出典：「前4週間の気温、降水量、日照時間の平年差・比」（気象庁ホームページより））

インタビュー

しくみをみつけだすのが魅力

小林 ちあき さん
気象庁 気象研究所

過去のデータを調べたり、シミュレーションモデルなどを
つかって、異常気象の要因を調べたりするいまの仕事は
自分にむいています。

この仕事をするきっかけは？

　大学で物理を学び、卒業時は低温物性といって、
砂鉄のかたまりのようなものの低温時の性質を調べ
ていました。でも、このような研究は自分にはあわ
ないなと思い、身近なことで物理学を生かせる気象
庁に入りました。気象に興味があったことも影響し
ていたと思います。気象庁では季節予報の仕事にも
たずさわっていました。

　現在、気象研究所で異常気象の解析、季節予測の
可能性の研究、全球長期再解析データ作成とその評
価を担当しています。全球長期再解析データとは、
地球全体の大気を対象に、気圧配置や上空の大気が
どうなっているかを、計算プログラム、観測データ
をもとに再解析したデータのことをいいます。

　以前、気象庁で季節予報の仕事にたずさわってい
たとき、いろいろ教えてくださる先輩にめぐまれた
のがきっかけで、研究者の道をあゆんでいます。

仕事をしていてうれしいことは？

　研究者として英語で文章を書くことは仕事のひと
つといえますが、英語が苦手なので論文をしあげる
のはとてもたいへんです。しかし、論文をまとめあ
げることができ、査読を通る（専門家が論文を読ん
で、よい論文だと評価すること）と、とてもうれし
いです。

　また、これまで理解が不十分だったことが、ある
とき「はあーっ、そういうことか！」と気づき、し
くみをみつけだせたときも、とてもうれしいです。

仕事をしていてたいへんなことは？

　論文をしあげることもたいへんですが、研究テー
マの種をみつけることもたいへんです。

　いままでだれもやってこなかったことで、自分が
おもしろいと思うことを研究テーマにしなくてはい
けません。何に目をつけるかをみつけだすことはと
ても重要で、それをみつけだすまでがたいへんなの
です。

わたしのアイテム

▲書き心地がよいので
長年つかいつづけてい
る筆記具。

▲気象庁マスコットキャラク
ター「はれるん」をUSB
メモリにつけて持ちあるい
ている。

▲趣味は、バードウォッチン
グなので、カレンダーもバード
（鳥）入り。

▲研究所内を散歩していたと
きひろったヒマラヤスギのすぎ
ぼっくり。ペットボトルを切って
つくった容器にさしこみ、研
究室にかざっている。心がい
やされる一品。

たいへんだと思うことが あったとき、どのように 乗りこえてきましたか？

たいへんだと思うことをそのまま寝かせておくことがあります。頭の片すみであたためておき、あきらめないで時間をかけてときほぐし、乗りこえられることもあるからです。

自分がたいへんだと思っていることを、そのことがらとは直接関係のない人に話してみるのもいいことだと思っています。人に話すことで自分の気持ちをみつめなおし、道がひらけることがあるからです。

▲パソコンでデータ分析などをすることが多い。

どんな学生時代をすごしましたか？

こどものころから好きだった勉強は、算数や数学で、中学生になると、生物も好きになりました。ちょっとの知識があれば、それを生かして発展させて考えることができるので、それがおもしろかったからです。

高校生になると、先生の影響で物理に興味がわいて、熱心に勉強するようになりました。これが大学で物理を学ぶことにつながりました。

これだけは伝えたい！

一生懸命やりましょう

いま、できることを、自分を信じて1つずつ一生懸命やって、後悔のないように毎日をすごしてください。そうすれば、将来自分がめざす方向ではない方向に進むことになったとしても、これまでやってきた経験をもとに、それを生かして道をひらいていけると思います。

私も、そのときどきで、一生懸命とりくんできたので。

仕事で心がけていることは？

最初に何をしたいのかという目的を定めるようにしています。目的にたどりつくにはどんなことが必要か、考えられるかぎりの道筋をみつけて仕事を進めていくのですが、最終的には、はじめの目的にたどりつくことを心がけています。

仕事のやりがいは？

自分の研究データを研究者に公開しています。自然現象理解の手助けになっていると思っていますが、顔も知らない方から「役にたっています」などと連絡がくると、やりがいを感じます。

異常気象研究者に なるには

気象庁や異常気象について研究している大学や研究機関などに就職し、異常気象の知識を身につけるとともに、観測データをもとに、過去のデータをさぐって分析する力をやしなうことが必要です。

この仕事への道

中学	高校・大学・大学院など	気象庁や気象について研究している大学や研究機関など	異常気象研究者

気象予報士

気象庁から提供される観測データをもとに、専門的知識をつかって分析し、気象予報をおこないます。

▲テレビ局やラジオ局に出むいて気象予報を解説している気象予報士の坐間妙子さん。（写真提供：株式会社ウェザーマップ）

どんな仕事かな？

　主な仕事は、いろいろな気象観測のデータやさまざまな種類の天気図などに目を通し、総合的に分析し、今後の天気を予報することです。

　天気予報は、私たちの生活に欠かせないもので、家を出るとき、雨にそなえて傘を持つ、持たないなどの判断材料としてもつかわれています。

　日本は中国や韓国などがあるユーラシア大陸の東の縁の部分に位置し、大陸にそって南北に細長くつらなっているため、大陸で発生する夏の低気圧や冬の高気圧の影響を受け、季節が変化します。日本列島の周辺を流れる海流も水温が高めの暖流、低めの寒流があり、日本の気候に影響をあたえています。そのため、天気は、季節や場所、日時などによって

かわり、同じ日時でも場所によって晴れ、雨、くもりなど、全国一律ではありません。

　天気の変化は、農業や水産業、建設業など、いろいろな産業にも影響をあたえます。天気予報は、ライブ会場や、建設現場、野球場などから要請があれば、これらの企業むけにもおこなっています。

▶気象データが入っているパソコンは、坐間さんの仕事の必需品。

人の命を守る手助けをしたい

天候状態が悪化しそうなとき、悪化したときは、
「命を守る行動をとってください」とよびかけています。

坐間 妙子（ざま たえこ）さん
株式会社ウェザーマップ（かぶしきがいしゃ）

この仕事をするきっかけは？

きっかけのひとつは、地方局のアナウンサーをしていた際、自然災害の現場を目にすることが多く、気象についてもっと知りたいなと思ったことです。

理科系の勉強が好きだったので、気象についての勉強も楽しくできるかなという思いもありました。四季おりおりの花鳥風月の変化をみたり感じたりするのも好きで、天気のことを知るともっと楽しくなるかもしれないという気持ちもありました。

わたしの アイテム

◀ストップウオッチ。かぎられた放送時間内に予報内容が話しおえられるかをチェックしている。

▶ノートには、放送に必要な天気のメモを記している。色鉛筆は、天気図を解析するのに使用。しんが短くても印はつけられる。

これだけは伝えたい！

天気を知ると、世界が広がる

学校の理科の天気の勉強は、日常生活ですぐ役だちます。大雨のとき、川のようすをみにいこうとする家族に「あぶないからやめて」と伝えることもできます。だから、天気や空に興味をもち、天気にくわしくなってください。天気はいろいろなことにむすびついているので、自分の生活が豊かになり、世界が広がります。

うれしいこと、たいへんなことは？

予報があたったときは、うれしいです。

最近は、自然災害の規模や範囲が、以前にくらべて大きく、激しくなっています。地震は予知できませんが、大雨はある程度予測できるようになりました。それを事前にどのくらい危険なことかを正確に伝えることには、むずかしさがあります。

いまの予報技術では予報がしにくい現象がたくさんあります。しかし、災害をひきおこすような雨は明るい空から急にふってくることはありません。暗くなる、風がふきだすといった兆候が必ずあるので、皆さんには空に興味をもってほしいです。

やりがいや魅力は？

人の役にたち、人の命を守ることができ、災害がおきそうなとき、事前によびかけることができる仕事なので、それらがやりがいであり、魅力です。

天気の名前や現象を知ることができたので、自分自身、空をながめて虹や彩雲、積乱雲、雨柱などをみつけると、わくわくし、心が豊かになります。

気象予報士になるには

国家試験の気象予報士試験に合格したのち、気象庁に登録申請をすれば、気象予報士になれます。受験資格に年齢制限がないので、小学生でもなることができます。

この仕事への道

中学・高校・専門学校・大学など	気象予報士試験合格後、気象庁に登録	気象予報士

海洋プラスチック研究者

探究心
チームワーク
コミュニケーション

深海を中心に、海底ではプラスチック汚染がどのくらい広がっていて、今後どうなるかを調査・研究しています。

▲ 2011年の東日本大震災による海底の影響を調べるためにつくられた新青丸と中嶋亮太さん。中嶋さんは、この船で国内の海底調査に出かける。

どんな仕事かな？

ペットボトル、レジ袋、食品トレーなど、安くてじょうぶなプラスチック製品は、家庭やコンビニ、飲食店などで大量につかわれています。しかし、いらなくなると、ごみとして捨てられます。分別して回収されたプラスチック製品の多くは、廃棄物処理施設できちんと処理されますが、道端や川などに不法投棄されたごみは、風や雨などで主に川から海に流出します。海には日本だけでなく、世界各地から大量にプラスチックごみが流れこんでいます。

海洋プラスチック研究者は、海にプラスチックごみがどこにどのくらいあり、海の環境が今後どうなるかなどを調べています。中嶋さんは、深海にしずんでいるごみを対象に、研究を進めています。

▲日本近海の深海の海底には、さまざまなプラスチックごみが堆積している。（写真提供：国立研究開発法人海洋研究開発機構）

プラスチック問題は、国際的な問題

深海の海底にはレジ袋や食品の包装などが
大量にあるので、不法投棄をへらすことが重要です。

中嶋 亮太 さん
国立研究開発法人
海洋研究開発機構

この仕事をするきっかけは？

　水辺の生き物が好きで、小学校２年生から熱帯魚を飼いつづけています。次第に海の中の生き物や環境に興味をもち、将来は生物学者になろうと決めていました。大学では生物の宝庫・サンゴ礁の研究をして博士号をとりました。ところが、サンゴが小さなマイクロプラスチックを食べ、サンゴ礁がプラスチックにおびやかされていると知り、このままでは大好きなサンゴ礁がなくなってしまうと思い、海洋プラスチックの研究をするようになりました。

◀海洋プラスチック問題の研究を通して、プラスチックによる汚染や、かしこいつきあい方を多くの人に知らせたいと考え、中嶋さんは『海洋プラスチック汚染』（岩波書店）を書き、出版した。

これだけは伝えたい！

タフでコミュニケーション力があること
　研究者になるための３か条を紹介します。
1 自分がやっていることが、好きで好きでしょうがないこと（１つのことを、つきつめていくことが重要）
2 からだも精神的にもタフなこと
3 よい人間関係をつくれること（研究はひとりではできません）

うれしいこと、たいへんなことは？

　現在、生物多様性条約では、2022年に開催された生物多様性条約の国際会議（COP15）をもとに、2030年までに世界の陸と海の30％以上を保護区にするという目標をかかげています。日本の環境省は、深海底に保護区を設置していますが、私が書いた論文が科学的根拠の１つとなり、小笠原の海底が保護区になりました。自分の研究が国の政策に生かされたので、うれしかったです。

　たいへんなことは、研究のために船に乗るのですが、船酔いがひどいことです。毎年１か月以上は乗船していますが、なれません。毎日、酔いどめの薬を飲んで、しのいでいます。

たいせつにしていること、やりがいは？

　何をするにも人とかかわって進めていくので、チームワーク、人間関係をたいせつにしています。
　プラスチック汚染は、世界全体でとりくまなければならない課題です。今後、この問題を解決するためのルールづくりが進められていきますが、私たち研究者がだしている科学的データが根拠になって政策が決められていくので、やりがいを感じます。

海洋プラスチック研究者になるには

　博士号をとることと、環境問題に対する専門的な知識と、問題解決に対する熱意が求められます。

この仕事への道

中学⇒高校・専門学校・大学・大学院	独立行政法人・官公庁・大学・企業の研究機関など	海洋プラスチック研究者

廃棄物処理施設技術管理者

燃えるごみ（廃棄物）を安全で適切に処理する廃棄物処理施設で、必要な仕事をおこなっています。

▲ごみ焼却場にある燃えるごみが適切に処理されているかをモニターでチェックし、確認するのも廃棄物処理施設技術管理者・浅野一大さんの重要な仕事。

▲▲「クリーンセンターいず」（ごみ焼却場）では、施設内に見学コースをもうけ、モニター映像（写真）や模型を展示し、見学におとずれた人を案内し、ごみ処理のしくみが楽しく学べるようにしている。

どんな仕事かな？

　ごみは、どこから出たのか、どんなごみかによって、一般廃棄物、産業廃棄物に分類されます。
　一般廃棄物とは、一般家庭の日常生活から出るごみや、お店や会社、工場、官公庁など、事業をおこなっているところから出る生ごみや、弁当ガラ、書類などのごみをいいます。
　産業廃棄物とは、建設現場や工場などの事業活動で出たごみのうち、燃え殻、汚泥、廃プラスチック類、ゴムくず、金属くず、がれき類など、法律や政令で定めているものをいいます。
　一般廃棄物は、燃えるごみ、不燃ごみ、粗大ごみ、有害ごみ（乾電池や蛍光管など）などに分別して処理し、分別方法は地方自治体によってことなります。

　「廃棄物の処理及び清掃に関する法律」では、一般廃棄物を処理する施設と産業廃棄物を処理する施設には、廃棄物処理施設技術管理者をおくことと定めています。
　一般廃棄物の燃えるごみを燃やして処理する施設（ごみ焼却場）の廃棄物処理施設技術管理者は、ごみを燃やすうえで法律違反がないように管理する仕事や、ごみを燃やす仕事がうまくいくように管理する仕事などをおこなっています。

燃えるごみは、電気を生みだす資源

**だされた燃えるごみは、量を調整しながら、
じょうずに燃やして発電につかっています。**

浅野 一大 さん

クリーンセンターいず
荏原環境プラント株式会社

この仕事をするきっかけは？

こどもが通っている小学校では、電気はごみ焼却場で発電したものをつかっていると知ったのがきっかけです。ごみは捨てるものというだけではなく、電気もつくれるということに強く心が動かされたのです。この思いがもとで転職し、この仕事につきました。

▶仕事で愛用している
万年筆（右）とボールペン（左）。

わたしのアイテム

◀骨伝導イヤホン。これを身につけ、いつでも連絡がとれるようにしている。

（写真提供：浅野一大さん）

これだけは伝えたい！

ごみの分別にご協力ください

みなさんが捨てているごみは、1人1日あたり880g出ています（2022年度）。ごみは、地方自治体で決められた分別ルールにしたがって捨てるようにご協力をお願いします。捨てられたごみは、私たちが責任をもって処理します。

ごみ焼却場は、ごみを燃やすだけでなく、いろいろなことをおこなっていますので、機会があったら、近くの焼却場に見学にいらしてください。

楽しいこと、たいへんなことは？

楽しいことは、地域のこどもたちや高齢者と接する機会が多いことです。外にある芝生公園やエントランス（入り口・玄関）に遊びにきたり、見学にきたりするので、うれしいです。遠方から自動車できて高い煙突を発見し、寄ってくださる方もいます。

たいへんなことは、安定してごみを処理し、発電することです。燃やすごみには、燃えやすいごみと燃えにくいごみがあるので、燃えやすいごみから燃やす、燃やすごみの量を調整するなどし、発電しています。

たいへんだと思うことがあったときは、従業員全員で問題を共有し、問題解決にとりくんでいます。家族とより、従業員といる時間が長いので、みんなが気持ちよくはたらけるように心がけています。

廃棄物処理施設技術管理者になるには

廃棄物処理施設技術管理者は、廃棄物処理に関する専門的知識やデータ処理などの技術に加えて、環境や資源をたいせつにしたいという気持ちをもっている人に適した仕事です。なるには、国家資格をとる必要があります。国家資格をとるには、法律で定めている学歴・経験などの要件をそなえていることのほかに、技術管理者を養成するための講習を受けて、修了することが望まれています。

この仕事への道

中学⇒高校・大学・大学院（化学系学科）など	日本環境衛生センター 廃棄物処理施設技術管理者講習受講・能力認定試験合格	廃棄物処理施設技術管理者

気象庁職員

全国の気象情報・データなどをもとに気象状態を把握し、多くの情報や天気予報を発表しています。

気象庁本庁では、さまざまな気象観測システムが正常に作動しているかを、職員がつねに監視している。

全国に設置した観測装置や気象衛星などを用いて、地上から上空までの大気の状態を24時間観測

しているほか、全国にある気象台では、24時間体制で気象状況を監視し、防災気象情報や天気予報などを発表しています。地球環境の監視や予測、地震・津波の監視と情報の発表、火山活動の監視と情報の発表、航空機や船舶むけの気象情報の提供などもおこなっています。民間の気象会社への予報業務の許可や、気象情報・データの提供もおこなっています。

はたらくには、国家公務員採用試験に合格後、気象庁実施の面接で採用となる必要があります。技術系の業務では、経験者も採用しています。

この仕事への道

中学⇒高校・短大・大学・大学院	国家公務員試験合格・経験者採用試験合格・面接	気象庁職員

海洋環境調査員

海洋を調査する機器をつかって、海の環境に関することを調査しています。

海中の塩分、水温などの観測機は、ウインチ（巻きあげ機）をつかって海中におろして調査する。

国の機関や地方自治体、民間企業などから海洋環境調査の仕事を企業が受注し、そのスタッフとして調

査にたずさわるはたらき方が一般的です。

サンゴ礁や藻場、干潟の分布状況・消滅状況の調査、海洋生物の生息状況の調査、潮位・潮流の観測、地形・地質調査、水質調査、海洋鉱物資源開発にともなう環境調査など、調査内容は多岐にわたります。

はたらくには、海洋に関する幅広い知識と、海底撮影をしたり、水中グライダーなどの海洋調査機器などを駆使して調査をしたりするので、これらの機器をつかいこなせることと、採取したデータの分析をおこなえることなどが求められます。

この仕事への道

中学	高校・専門学校・大学など	海洋専門の調査会社・大学・研究機関	海洋環境調査員

ごみ収集作業員

主に家庭から出るごみを、収集車で収集します。

ごみは、可燃ごみ（燃えるごみ）、不燃ごみ（金属や陶磁器など焼却に適さないごみ）、粗大ごみ、資源ごみ（びん、缶、古紙など）などがあり、呼び名や分別方法は、地方自治体によってことなります。

作業員は、担当する地区とごみの種類ごとに分かれて収集車に乗り、決められたコースをまわって収集していきます。まわりおえたらごみを処分場にはこびいれ、その後、収集車をきれいに洗います。

悪天候でも収集作業は実施するのでたいへんですが、地域の環境を守れる大事な仕事です。

この仕事につくには、資格は問われませんが、地方公務員試験に合格して地方公務員としてごみ収集作業員の仕事につく道と、民間のごみ収集事業所につとめてごみ収集作業員になる道とがあります。

この仕事への道

中学	高校・大学など	地方公務員試験合格 / 民間のごみ収集事業所	地方自治体	ごみ収集作業員

再生資源回収・卸売人

再生できる資源物を回収し、卸売業者に販売します。

再生資源回収には、地方自治体が指定する資源物回収場所にだされた古新聞・古雑誌、紙パック、段ボール、古着・古布、ペットボトル、トレー、アルミ缶・スチール缶、金属製のなべ・やかん、あきびんなどの回収や、町内会やこども会でおこなう集団資源回収にだされたものの回収、公共施設やスーパー、コンビニなどの店頭に設置された回収ボックスにだされたものなどの回収があります。

回収したものは、原材料の形にもどして資源として再利用するリサイクル、洗うなどして再使用するリユース、廃棄するものに分類し、リサイクル、リユースに分類したものを卸売業者に販売します。

なるための必要な資格はありません。ごみを活用する、地球環境問題に貢献できる仕事です。

この仕事への道

中学・高校・大学など	再生資源回収・卸売事業所	再生資源回収・卸売人

清掃員

オフィスビルや駅の構内などを清掃します。

清掃員の仕事は、自分の担当区域を清掃・整理・整頓してきれいにすることです。清掃する場所によって、ビル・建物清掃員、乗り物清掃員、道路・公園清掃員、旅館・ホテル客室清掃整備員、ハウスクリーニング作業員などがあり、広範囲です。

ビル・建物清掃員の場合、オフィスビル、お店、学校、病院、駅構内など、さまざまな建物を清掃する仕事があります。乗り物清掃員は、鉄道車両や航空機、船舶などの座席や通路、化粧室などを清掃する仕事があります。おおぜいの人が出入りする場所を清掃することが多く、清掃する時間がかぎられているため、手早さと正確さが求められます。

なるための必要な資格はなく、正社員、パートタイマー、アルバイトとしてはたらく道があります。

この仕事への道（例：ビル・建物清掃員）

中学・高校・大学など	総合ビル管理会社・ビル清掃会社	清掃員

カーボンニュートラル研究者

すごしやすい地球にするには、二酸化炭素などの温室効果ガスの排出量をへらすことが大事です。

▲▶研究室内で研究内容について意見交換をする研究者の所千晴さん（右奥）と研究室のメンバー（写真上と右下）。

どんな仕事かな？

現在、地球をとりまく大気の温度は、上昇しています。これを地球温暖化といいます。18世紀後半に産業革命がおき、石油や石炭などの化石燃料を燃やして工業製品を大量につくったり、発電したりするようになったこと、電気洗濯機や電気冷蔵庫、エアコンなどが普及し、電気の使用量がふえたこと、ガソリンで走る自動車が増加し、排気ガスが排出されるようになったことなどが原因です。

これらの変化で、地球をとりまく大気に工場や発電所、自動車、住居などから二酸化炭素やメタンなどが排出され、その量や濃度が年々ふえていきました。二酸化炭素やメタンなどは温室効果ガスとよばれています。温室効果ガスの濃度が適量であれば、地球の大気が冷えすぎないように適度な温室効果をもたらしてくれますが、濃度が高くなると大気温が上昇し、地球温暖化をまねきます。

近年、地球温暖化がどんどん進まないようにするために、世界中で「カーボンニュートラル」のとりくみが進められています。

カーボンニュートラル研究者は、温室効果ガスを削減するためにはどうしたらよいか、どんな方法があるかなどについてとりくんでいます。

カーボンニュートラルって、どんなこと

日本政府は、2020年10月、2050年までに「温室効果ガスの排出量を全体としてゼロにする」という「カーボンニュートラル」宣言をしました。この「カーボンニュートラル」とは、炭素という意味の「カーボン」を「ニュートラル（中立）」の状態にするということをあらわすことばです。

「温室効果ガスの排出量を全体としてゼロにする」というのは、温室効果ガスを「排出する量」から、植林や森林管理、地中にうめることなどを通じて「吸収・除去する量」をさしひいて、合計を実質的にゼロにするということです。

森林は、光合成により大気中の二酸化炭素を吸収し、炭素としてたくわえることで生長するとともに、酸素を放出しています。そのため、森林は地球温暖化の防止に大きな役割をはたしているのです。

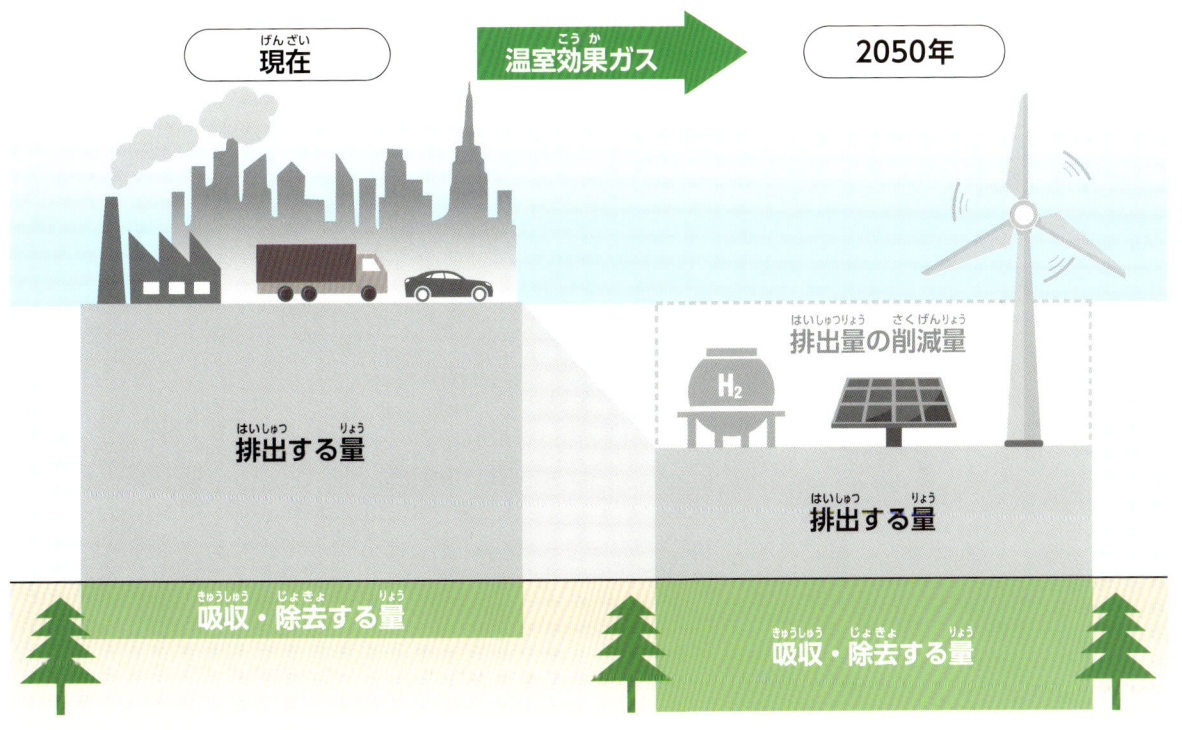

「吸収・除去する量」とは、木を植える、森林を管理するなどして樹木に二酸化炭素を吸収させたり、発電所や化学工場などから排出された二酸化炭素を、ほかの気体から分離して集め、地中深くにうめたりする量のことをいいます。

カーボンニュートラルがめざすこと

上の図と、次の式がしめしているように、温室効果ガスの排出量を全体としてゼロにすることをめざしています。

 温室効果ガスを排出する量 ＋ 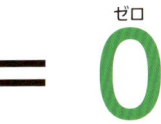 温室効果ガスを吸収・除去する量 ＝ **0** (ゼロ)

（参考資料：NEDO「カーボンニュートラルって何?」、経済産業省「60秒早わかり解説　カーボンニュートラルって何?」、環境省「脱炭素ポータル　カーボンニュートラルとは」、市川市公式Webサイト「カーボンニュートラル推進に関する取り組み　カーボンニュートラルとは」）

インタビュー

所 千晴 さん
(ところ ちはる)
早稲田大学 研究者

金属資源のリサイクルで二酸化炭素削減

つかいおわった太陽光パネル、リチウムイオン電池などから金属資源をとりだす技術や、リサイクルを促進する技術などにとりくんでいます。

この仕事をするきっかけは？

1992年にブラジルのリオデジャネイロで開催された地球環境サミットで、集まった世界の指導者たちを前に、こどもの環境団体の代表として当時12歳だったカナダのセヴァン・カリス・スズキさんが、地球環境問題や、環境保護の必要性などをうったえるスピーチをおこないました。

高校生のころ、授業でこのスピーチを知り、環境問題はこれから大事なんだという思いを強くしました。この思いから、環境について学べる大学・学科をえらんで入ったのが早稲田大学で、研究者の道にたどりつきました。

カーボンニュートラルの課題解決に賛同

早稲田大学では、学内に2022年にカーボンニュートラル社会研究教育センターを設置しました。大学では、学部を問わず、学生も研究者も活発にそれぞれ活動しています。大学は、いまの社会課題のカーボンニュートラルを解決していくためには、文系、理系という縦割りではなく、みんながつながり、力をあわせて解決していく必要があるという理念にもとづき、上記のセンターを立ちあげたのです。この理念に賛同し、設立当初からチーム型の組織づくり、しくみづくりをおてつだいし、2024年9月20日まで副所長をつとめていました。

▲▶研究室には、実験で必要な機材や、得た情報を適切に管理できるパソコンなどが数多くそなえられている。

▲分子構造模型を手に説明する所さん。研究室のメンバーは、実験などでわかったことをホワイトボードに書きこむなどして、新しい情報を共有している。

 ## 主な仕事内容は？

現在は、つかいおわった太陽光パネルやリチウムイオン電池のリサイクルを専門に研究しています。今後、風力発電のリサイクルがおこなわれるようになると、それも研究対象となります。

金属資源のリサイクルを完成させるためには、再生可能エネルギーの導入が必要になります。カーボンニュートラルを推進すると、リチウム、コバルト、ニッケル、シリコンなどが不足して、需要と供給のバランスがくずれてしまうので、再生できる分離技術の研究も欠かせません。

これらのほかに、カーボンニュートラル、環境の研究もおこなっています。

 ## 仕事でうれしいこと、たいへんなことは？

自分の中で新しい発見があったときや、実験や調べ物をしていて、新たな気づきがあったときは、とてもうれしいです。

研究者としてのうれしさは、自分の興味のままに課題設定をし、研究ができることです。設定したことに対して自由にアプローチできることが、いちばんのおもしろさといえます。

研究者としてはうまくいかないことのほうが多いのですが、たいへんだとは思っていません。やりがいがあると受けとめています。研究の世界では、たいへんだと思うことがあったときは、チャンスととらえ、いろいろなことをやってみます。

すばらしい課題がみつかったと思って調べていくと、新しい発見にむすびつくことがあるので、研究のおもしろさにつながります。

研究に関することより、組織とか人とのつきあいに関することのほうがたいへんです。そんなときは、ピアノをひいたり、家族や気のあった人と話をしたりすることが気分転換になっています。ピアノは、こどものころピアニストになりたくて、レッスンに没頭していたほどです。

仕事でたいせつにしていることは？

いろいろな立場の方とお話をしたり、意見をきいたりしています。そうすることで課題の解決につながることがあります。

研究は長いスパンで多様な課題があるので、少しでも成果があると、そのつどまとめていくことが必要です。それにより頭の中を整理できるからです。

これだけは伝えたい！

好奇心をもちましょう

多くのことに好奇心をもってほしいです。好奇心があれば、いろいろなことを乗りこえられます。好奇心がないと、つまらなくなるので、もつようにすることがいちばん大事です。

カーボンニュートラル研究者になるには

環境や資源、資源のリサイクル、エネルギーなどについて研究している大学や研究機関、関連産業などに就職し、カーボンニュートラルや再生可能エネルギーなどの知識を身につけるとともに、問題点や課題にとりくむ姿勢をやしなうことが重要です。

この仕事への道

中学	高校・大学・大学院など	大学・研究機関・企業	カーボンニュートラル研究者

ブルーカーボン研究者

自然が好き
探究心
体力

海の環境が悪化するのをくいとめ、海藻類が元気に育つ藻場を復活させる活動にとりくんでいます。

▲ 再生されたカジメの藻場（海藻が広い範囲で群生している場所）（左）と、藻場を再生させる仕事にとりくんでいる山木克則さん（右）。
（左の写真提供：山木克則さん）

どんな仕事かな？

陸上で排出された二酸化炭素は、海の中では海藻や海草などに吸収されます。吸収された二酸化炭素のうち、炭素はその後、海底の泥の中や深海に蓄積し、数千年程度の長期にわたって分解されずにとどまっています。国連環境計画（UNEP）は、2009年に公表した報告書で、海洋生態系にとりこまれた炭素を「ブルーカーボン」と名づけ、二酸化炭素の吸収源対策の新しい選択肢としました。

ブルーカーボンの主な吸収場所は、藻場、干潟・湿地、マングローブ林などで、ブルーカーボン生態系とよばれています。この生態系は、二酸化炭素を吸収すること以外にも、水質浄化機能、魚介類などの水産資源の増殖、環境学習やレジャーの場の提供

など、多くの価値を生みだしています。

ブルーカーボン研究者は、ブルーカーボン生態系について調べ、問題点を発見すると、再生方法を研究し、実践するなどの仕事をおこなっています。

▲◀ 山木さんの研究室で育てているカジメの種（配偶体）（左上）と、それを顕微鏡でみたもの（上）、研究室で育てているカジメの苗（左）。苗は、ダイバーに依頼し、海水温が高くない水深10mくらいの海底に設置している。

（左上円形の写真提供：山木克則さん）

衰退した藻場をよみがえらせる

地球温暖化は海水温を上昇させ、藻場の消滅などをまねいています。研究した技術で再生にとりくんでいます。

山木 克則 さん
鹿島建設株式会社

この仕事をするきっかけは？

こどものころから、海にもぐったり、魚を観察したりすることが好きでした。おとなになって、ダイビングをはじめたとき、海藻が魚の家になっていることを知り、とても興味をもちました。しかし、近年は温暖化の影響や、海水中の栄養分の不足などから海藻がだんだんへり、ついに消滅してしまう「磯焼け」となってしまいました。磯焼けで魚のすみかもなくなり、これはたいへんだと思い、どうすれば藻場をもとにもどせるかという研究をはじめました。

▲磯焼けとなったカジメの藻場。茎だけになっている（左）。再生中のカジメの藻場のようす（右）。（写真提供：山木克則さん）

うれしいことは？

海藻がふえるようになって、大きく育っているのはうれしいことです。磯焼けから回復した要因は、私たち研究者の海藻の再生技術もありますが、地域の漁業関係者、ダイバー、学校などが一体となって、保全活動を進めていることもよい結果につながっています。水深の浅いところは水温が高くて回復力が弱いので、水温が安定している少し深いところで再生活動をしたほうがよいこともわかりました。

心がけていること、やりがいは？

夢中になれることをみつけて、つづけることを心がけています。自分のやりたいことを仕事にしているので、やりがいはあります。

これだけは伝えたい！

興味があることをみつけよう

本をたくさん読んで、その中から、自分が興味があることをみつけて、それをずっと探究していってほしいです。

ブルーカーボン研究者になるには

資格は問われません。海水中にもぐれることと、ブルーカーボン生態系や海洋の保全、再生などの知識や技術の専門的知識が求められます。

わたしのアイテム

▲海藻の胞子を入れて海に設置する袋。袋は自然分解し、1か月くらいでなくなる。

▲▶海中にもぐるときの必需品。上はマスク、水中カメラ、ライト、ストロボなど。右下は足につけるフィン。

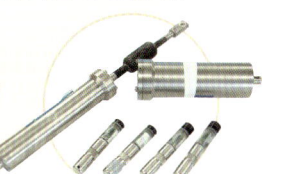
▲海の流れや波、光をはかるセンサー。

この仕事への道

中学⇒高校・専門学校・大学など	海洋の生態系についてとりくんでいる企業・大学・研究機関など	ブルーカーボン研究者

潜水士
せんすいし

体力

リーダーシップ

チームワーク

潜水服、潜水器具などを身につけて、海の中や川の中などにもぐって作業をおこないます。

▲スクーバー潜水の装備で、水中カメラをもって海底ケーブルの点検作業をしている永野達さん。

どんな仕事かな？

潜水士は、水中水底で仕事をおこなうことができる唯一の職業です。主な仕事内容には、次のようなものがあります。

潜水士がおこなう仕事例

・港湾や漁港の岸壁や防波堤、橋げた、ダムなどの構造物を水中に設置する、点検・修理するなど。

・海底ケーブルの敷設、敷設された海底ケーブルの点検・補修など。

・海中の生き物の調査・環境調査、海中の衰退した藻場など、自然環境の再生など。

・川や海での災害や事故での救助活動。

・転覆や沈没、浅瀬に乗りあげた船などの引きあげや移動など。

▲永野さんが海で潜水作業をするときは、この船で出かけて海にもぐる。

もぐり方にはヘルメット潜水、スクーバー潜水、フーカー潜水の3種類があります。ヘルメット潜水とフーカー潜水は、船の上にコンプレッサーという空気を圧縮する機械をおき、そこからエアホースで潜水士に空気を送ります。スクーバー潜水は、潜水士が背中に空気ボンベを背負い、ボンベから空気をとりいれます。

地上では味わえない景色がみられる

天候状態がよいときしか仕事ができないので、つねに天気予報をチェックしています。

永野 達 さん
株式会社渋谷潜水工業

この仕事をするきっかけは？

大学で入っていたダイビングサークルの卒業生に、洋上風力発電の仕事をしている方がいました。当時、洋上風力の建設はそれほどさかんではありませんでしたが、大学の環境関係の授業で洋上風力発電の重要性を学んでいたので、やりがいがありそうだなと思い、洋上風力発電も手がけているこの会社に入りました。

わたしの
アイテム

▶潜水時に必要なジャケット、コンパス、水中カメラ、ライト、ナイフなどと永野さん。右側の青いさやに包まれたものがナイフ。何かにからまったときの切断用で、命を守る装備品。

これだけは伝えたい！

いっしょに海をよくしましょう！

海の状態がよいときにしか仕事ができないので、土日は休みといった生活はできません。でも、海をよくし、環境問題、地球規模の問題を解決していく手助けができるので、やりがいがあります。この仕事に魅力を感じて、いっしょにやりたいと思う人がふえてほしいです。

楽しいこと、たいへんなことは？

もぐらない人に水の中のようすを説明するときは、絵をかいて伝えています。小学校低学年まで絵をかくのが好きだったのが生きている気がします。

中学に入ると英語が好きになり、外国人と話すのが新鮮でおもしろくて、話せるようになりました。いまは、潜水の機械は外国製なので、購入先の担当者と英語でやりとりできるのが楽しいです。

仕事は海の状態にあわせておこなうので、波や潮の流れ、透明度などで仕事のむずかしさが出てきます。安全に仕事をすることが大前提なので、現場の長である自分が全体のことを考えてルールや作業方法などを決め、作業前にみんなと話しあい、こうしよう、ああしようと決定していくようにしています。やりとげたときは、達成感があります。

仕事の魅力は？

沖縄から北海道までの全国各地や、海外でも仕事をしていますが、この仕事をしていないとみられない海の中の景色、ふつうでは味わえない景色をみられるのが魅力です。

潜水士になるには

潜水士免許試験に合格し、国家資格をとる必要があります。試験は筆記試験だけで、実技は所属先の先輩から指導を受けて習得するのが一般的です。

この仕事への道

中学・高校（普通科、水産系）・専門学校・短大・大学など	国家試験合格	潜水士

電気自動車研究・開発者

手先の器用さ
探究心
チームワーク

地球の温暖化をくいとめるために、環境にやさしい電気自動車の研究・開発をおこなっています。

▲「電気自動車の研究・開発は、構想をねり、図面づくりからスタートします」と語る石川徹さん。

どんな仕事かな？

自動車には、ガソリン車、ディーゼル車、電動車などがあります。ガソリン車、ディーゼル車は石油燃料で走り、排気ガスには二酸化炭素が多くふくまれています。二酸化炭素は温室効果ガスの1つなので、ふえすぎると気温が高くなったり、気候が変化したりする地球温暖化をまねきます。

地球温暖化が進んでいる現在、期待されているのが、電動車です。

■ 電動車の分類と特徴

電気自動車（EV）	燃料電池自動車（FCV）	プラグイン・ハイブリッド自動車（PHV・PHEV）	ハイブリッド自動車（HV）

バッテリーに充電し、バッテリーの電力だけでモーターをまわして走行する。走行中に二酸化炭素を排出しない。	水素と酸素の化学反応をもとに発電し、その電力でモーターをまわして走行する。走行中に二酸化炭素を排出しない。	充電した電力で走り、電気が少なくなったらエンジンで発電、充電、走行をする。わずかに二酸化炭素を排出する。	ガソリンエンジンと電動モーターとを効率のよい条件に切りかえながら走行し、走行中に二酸化炭素を少し排出する。

電気自動車研究・開発者の主な仕事は、電動車の中の電気自動車の研究・開発です。
なかでも、モーターの研究・開発は、重要な役割をになっています。

新しいモーターの研究・開発は魅力的

人や物の移動に重要な役割をはたしている自動車の新しいモーターづくりにたずさわっています。

石川 徹 さん
株式会社e-Gle
株式会社創研エンジニアリング（派遣元）

この仕事をするきっかけは？

こどものころからものづくりが好きで、ミニ四駆プラモデルの作成に熱中していました。学校でも、図工や技術分野の授業が大好きで、部屋でつかうインターホンのハンダづけをして、音が聞こえたときは、うれしかったです。このころの気持ちが、現在の仕事にむすびついています。電気自動車のモーターの研究・開発は、技術がどんどん進んでいきますが、胸をわくわくさせながらとりくんでいます。

▲ 石川さんがとりくんでいる電気自動車のモーターは、タイヤに装着するホイールの内部に電動モータが内蔵されている（右の2点）。

これだけは伝えたい！

つくるよろこびを味わってください

ものをつくって経験を積むことは大事です。つくることや、打ちこむことのよろこびを、遊びの中で味わってほしいです。バーチャルは楽しい世界ですが、自分で実際に経験することで技術が身につき、高めていけます。いっしょに技術をもりあげていきましょう。

楽しいこと、たいへんなことは？

いま、派遣社員としてはたらいています。派遣されてすぐは、仕事内容を一から勉強することがたくさんあります。しかし、自分がやってこなかったことを経験でき、おぼえられるので楽しいです。

自分で考え、検討し、図面にかいたものが製品になる経験もうれしいです。

たいへんさにぶつかったときは、どうやったらクリアできるかなと考えてきました。興味をもって調べていくと、楽しさにかわります。

わたしのアイテム

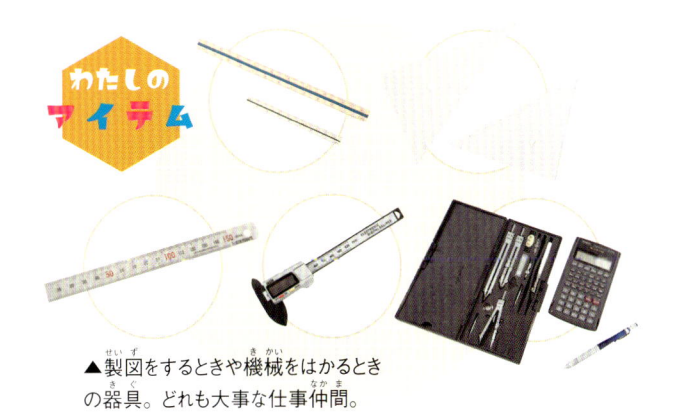

▲ 製図をするときや機械をはかるときの器具。どれも大事な仕事仲間。

電気自動車研究・開発者になるには

専門学校や大学などで、機械工学や電気電子工学、自動車工学などを選択し、専門的な知識を身につけておくことが求められます。そののち、自動車メーカーや自動車関連企業などに就職し、経験を積む必要があります。

この仕事への道

中学⇒高校・専門学校・大学・大学院など	自動車メーカー・自動車関連企業など	電気自動車研究・開発者

環境コンサルタント

国や地方自治体、企業などから依頼された環境問題について、専門家としてアドバイスや提案をします。

依頼者がかかえている環境問題や課題をみつけだして、調査・解析し、アドバイスなどをおこなう。

　現在、地球環境の問題には、地球温暖化、海洋汚染、野生生物種の減少などがあります。国や地方自治体、民間企業、各種団体などは、地球環境を守り、人間をはじめ、動植物がこれからもすみつづけていけるようにするためのとりくみをはじめています。とりくむには、問題の原因、対処方法などの知識が必要です。そこで、環境問題の知識が深く、問題内容を調査・予測・解析できる環境コンサルタントの力が求められているのです。

　環境コンサルタントになるには、環境問題に関する幅広い知識と調査・解析能力、適切なアドバイスと指導ができる能力などが必要です。

この仕事への道

中学⇒高校⇒短大・専門学校・大学など	環境専門のコンサルティング会社・建築会社・都市開発会社など	環境コンサルタント

環境省職員

環境を軸として、地方や都市、国、人々がかかえているさまざまな問題にとりくんでいます。

「海洋プラスチックごみ対策」では、世界全体の問題として国際交渉や調査データの作成などもおこなう。

　環境省では、現在の環境問題を解決するには、社会生活を持続可能なものにかえていかなければならないとし、環境省がとりくむべきこととして、「気候変動対策」、「海洋プラスチックごみ対策」などをあげています。

　はたらくうえでは、高度な専門知識、コミュニケーション能力、判断力などが求められます。環境省職員になるには、国家公務員試験に合格する必要があります。採用にあたっては事務系・理工系・自然系の３つの職種ごとに、総合職、一般職に分かれての採用となります。採用されると、全職種の職員全員が持続可能な社会づくりにとりくみます。

この仕事への道 （例：理工系一般職）

中学・高校・短大	大学・大学院	国家公務員試験合格・官庁訪問（面接）	環境省職員

環境計量士

探究心　地道にこつこつ　リーダーシップ

環境が安全かどうかを測定し、分析します。

環境計量士とは、計量法にもとづく国家資格で、工場から排出されるばい煙や大気中の有害物質、工場跡地などの土壌中の有害物質、悪臭物質などを測定する濃度関係と、騒音を発生させる機器をつかう工場、建設工事、道路、鉄道、航空機の騒音や振動を測定する騒音・振動関係の2区分があります。

環境計量士の受験資格には、学歴、年齢などの制限はありません。国家試験コースと資格認定コースとがあり、コースに応じた条件に適合していることと、経済産業大臣の登録を受ける必要があります。

この仕事への道

中学・高校・短大・専門学校・大学など	国家試験合格 国立研究開発法人産業技術総合研究所の教習の課程を修了	実務経験1年以上など 実務経験などの条件を満たし、計量行政審議会の認定を受ける	経済産業大臣による登録	環境計量士

環境管理士

地道にこつこつ　リーダーシップ　コミュニケーション

環境管理の知識と技能をもとに指導にあたります。

環境管理士の仕事内容は、生活環境、環境法令、経営環境からなっています。生活環境では、企業の生産活動の品質を高め、環境の悪化や汚染を防止するための提案や指導をおこないます。環境法令では、担当する地方自治体が定める環境に関する条例にしたがって測定・分析を実施し、結果にもとづいて環境保全活動をおこないます。経営環境では、企業や事業所の経営環境の品質を向上させ、環境保全を強化するための提案や指導をおこないます。

環境管理士になるには、特定非営利活動法人日本環境管理協会の検定試験を受ける方法や通信講座を修了する方法などがあります。検定試験では6〜1級、通信講座では4〜2級を取得でき、4〜1級合格者は環境管理士免許証の登録申請ができます。

この仕事への道

中学・高校・短大・大学など	日本環境管理協会の検定試験・通信講座などを受け、環境管理士の資格を得る	環境管理士

環境アセスメント調査員

探究心　地道にこつこつ　コミュニケーション

開発にともなう環境影響を調査・評価します。

道路、河川、鉄道、飛行場、発電所などをつくる開発事業は、人々のくらしを豊かにすることにつながります。しかし、開発事業によって環境に悪影響をおよぼすようなことがあってはなりません。この考え方から生まれたのが環境アセスメント（環境影響評価）制度です。開発事業者が調査・予測・評価をおこない、結果を公表し、広く意見を聞いたうえで、環境保全の観点からよりよい事業計画を作成していこうという制度です。

これをふまえて、環境調査会社などに勤務し、行政機関や民間企業などからの依頼を受けて、開発事業にともなう騒音や振動、水質、地下水、地形・土壌、動植物などの環境影響を調査し、予測・評価をおこなうのが環境アセスメント調査員の仕事です。

この仕事への道

中学⇒高校・短大・専門学校・大学など	環境調査会社など	環境アセスメント調査員

バイオガス発電所運転管理員

バイオガス発電は、バイオマス発電の一種で、生ごみなどを分解・発酵させて発電しています。

▲バイオガス発電所にはりめぐらされた機器類をチェックしていく小林昌弘さん。

どんな仕事かな?

バイオマスとは、「バイオ」（生物資源）と「マス」（まとまった量）をあわせたことばで、生物（植物や動物）からつくられるエネルギー資源のうち、石炭や石油などの化石燃料をのぞいたものです。

バイオマスの主なものには次の2種類があります。
❶間伐材や建築廃材、製材工場の木くず、街路樹をせんていした枝、草木類など。
❷家庭や食品工場、飲食店などから出る生ごみや紙ごみ、家畜のふん尿、下水汚泥など。

バイオマスをもとに発電することをバイオマス発電といいます。❶は間伐材などを燃やして、その熱を利用して発電します。しかし、❷は❶とはことなり、燃やして発電するのではなく、❷をつかってバイオガスを発生させ、電気や熱を生みだす発電方式のため、バイオガス発電とよばれています。

バイオガス発電で重要なことは、酸素のない状態の中に生ごみなどを入れて微生物に分解させ、発酵させることです。その過程で発生したバイオガスには、燃えやすい気体のメタンがふくまれているので、このメタンを利用して発電することができます。バイオガス発電は、食品廃棄物のリサイクル方法の1つとしても注目されています。「発酵の過程で出る発酵残渣で堆肥をつくる。その堆肥で農家が野菜や果物を育てる。購入先から出る食品廃棄物で電気や堆肥をつくる」という食品リサイクルがおこなわれているからです。

バイオガス発電所での仕事は、食品廃棄物などをつかって電気などをつくりだすことです。

羽村バイオガス発電所（運転管理：株式会社西東京リサイクルセンター）では、生ごみなどの食品廃棄物をもとに、次のしくみで発電しています。

▲ 前処理棟

分別

飲食店、スーパー、コンビニ、食品工場、学校給食などから出た食品廃棄物は、地元のごみ収集業者が収集し、発電所内の前処理棟に搬入します。

前処理棟では、生ごみとそれ以外のプラスチック容器、紙類、草木、金属などに分別します。生ごみ以外は、必要に応じて洗浄や破砕をおこない、リサイクルにまわします。のこったものがバイオガス発電の原料となり、次の工程の発酵に適した状態になるように、調合します。

発酵

発酵タンク内は酸素のない状態で、温度を36〜40℃に調整してあります。このタンク内でバイオガス発電の原料があたためられると、酸素のない状態ではたらく微生物が活性化して発酵し、メタンを主成分とするバイオガスを発生させます。

発酵後、発酵タンクに消化液（発酵残渣液）がのこります。この液体は、排水処理設備で微生物処理し、法に定められた環境基準（放流基準値）以下まで浄化して処理水をつくり、下水へ放流します。

▲ 発酵タンク

発電

▲ 発電施設

発酵タンクで発生したバイオガスは、発電機に悪影響をおよぼす硫化水素や水蒸気などの物質もふくんでいるので、それらをとりのぞくと、メタンが得られます。このメタンをエネルギー源として、発電施設のガスエンジンをつかって電気と熱を生みだします。電気は電力会社が買いとり、家庭などに送られます。熱は発電所内で利用しています。

発電の過程で排出される二酸化炭素は、植物が生長する過程で光合成によって大気中から吸収したもので、動物も植物を食べて成長しているため、「吸収＋排出＝実質ゼロ」となり、カーボンニュートラルだといわれています。

インタビュー

小林 昌弘（こばやし まさひろ）さん
羽村（はむら）バイオガス発電所
株式会社西東京リサイクルセンター（かぶしきがいしゃにしとうきょう）

目にみえない微生物（びせいぶつ）相手に発電

微生物処理の機械のメンテナンス、
発酵（はっこう）に応（おう）じた発電量（はつでんりょう）の管理（かんり）などにとりくんでいます。

この仕事をするきっかけは？

前の職場（しょくば）は古本屋でした。転職（てんしょく）活動をしていたとき、食品廃棄物（はいきぶつ）のリサイクルにあたる仕事をしているここが募集（ぼしゅう）していることを知り、古本屋と同じリサイクルつながりという点でこの会社の仕事に興味（きょうみ）があったので応募（おうぼ）し、入社しました。

仕事でうれしいことは？

機械（きかい）の調子をみる仕事も担当（たんとう）しているのですが、機械（きかい）のはたらきがよくないときにメンテナンスをしてちゃんと動くようになると、うれしいです。
本格的（ほんかくてき）に機械（きかい）のぐあいが悪くなる前に直せたときは、楽しいです。

仕事をしていてたいへんなことは？

発酵（はっこう）の工程（こうてい）で出た消化液（しょうかえき）（発酵残渣液（はっこうざんさえき））をきれいにするときは、微生物（びせいぶつ）の力をかりておこなっています。タンク内の微生物（びせいぶつ）が元気でいるか、弱っているかの判断（はんだん）は、毎日タンク内の温度をはかったり、ガスの出る量（りょう）を調べたりして点検（てんけん）し、その結果（けっか）で判断（はんだん）しています。

微生物（びせいぶつ）は小さくて目にみえないので、そのようすをデータなどから読みとって、ちゃんと元気でいることを確認（かくにん）するのはたいへんです。

けっこう繊細（せんさい）な微生物（びせいぶつ）なので、すぐ弱ったりします。暑すぎてもだめ、寒すぎてもだめなので、発酵（はっこう）の工程（こうてい）でも微生物（びせいぶつ）が元気でガスをだせる状態（じょうたい）にすることに気をつかいます。

▲消化液を処理した水が法定基準内（ほうていじゅんない）になっているかを調べている小林（こばやし）さん。

わたしのアイテム

▲スパナ。ポンプなどをメンテナンスするときにつかう工具。工具はいろいろな種類（しゅるい）をつかっている。

▲手袋（てぶくろ）。いろいろな作業をするときの必需品（ひつじゅひん）。水色の手袋（てぶくろ）はつかいすて。

▲処理水（しょりすい）が法定基準（ほうていきじゅん）になっているかを分析（ぶんせき）する機械（きかい）（左）と、そのとき使用する試験管（しけんかん）にスポイトがついた器具（きぐ）（右上）と、試験管類（しけんかんるい）（右下）。

たいへんだと思うことがあったとき、どのように乗りこえてきましたか？

暑すぎたことなどが原因で、タンク内の微生物がほぼ死にかけたときがありました。工場内にはタンクが２つあるので、もう一方のタンクから元気な微生物を送りこむと、死にかけたものはどんどんタンクからあふれでていきます。タンク内にのこっている微生物が、ほかから元気な微生物を入れることで、生きかえった状態になると、とてもうれしいです。

死にかけている微生物は、ガスをだすこともできません。でも、元気になるとたくさんガスをだせるようになるため、発電できるようになるのです。

微生物が元気な状態のときには、機械にまかせてオートメーションの設定で管理できますが、死にかけているときは、オートメーションの設定ができません。そのときは、みんなで協力してポンプを動かすなどして、力をあわせて乗りこえてきました。

どんな学生時代をすごしましたか？

小中学生のころは、読書が好きで、わからないことがあるとすぐ調べる、そんなこどもでした。

インドア派だったので、調べてこつこつやっていくことが、いまにつながっている気がします。

勉強では理科が好きでした。

これだけは伝えたい！

どうにかしようという気持ちをたいせつに

好奇心があることや自分が興味をもったことは、いろいろ調べてみましょう。そうすると、おもしろいことがみつかりますよ。

いま、脱炭素、リサイクルなどといわれていますが、細かいことの積みかさねが、脱炭素社会、リサイクル社会につながっていくと思っています。そういう社会を実現するために、皆さん一人ひとりがどうにかしようという気持ちをもってほしいです。

▲小林さんは工場内のチェックポイントを、ていねいに点検していく。

仕事で心がけていることは？

点検する場所、点検メンテナンスなど、いろいろな項目があるため、優先順位をつけて段どりをくんで仕事をこなしていくことを心がけています。

夜勤と日勤の交代制で、設備の維持管理をしています。自分が体調をくずすとほかの人にめいわくをかけるので、「睡眠をしっかりとる、しっかり食べる、元気よくはたらく」を心がけています。

仕事のやりがい、魅力は？

地味な作業を毎日おろそかにせず、手をぬかずにやっていく、これは工場の動きを守ることにつながるので、それがやりがいです。

リサイクルでごみになるものを有効活用し、電気にかえて、みんなの役にたつものにできるという点が魅力です。

バイオガス発電所の運転管理員になるには

学歴や資格は問われません。就職後、経験を積みながら専門的な知識・技能を身につけることが求められます。

この仕事への道

| 中学・高校（工業系）・専門学校（理工学系）・高専（工業系）・短大・大学など | → | バイオガス発電所設備のある企業・運転管理企業 | → | バイオガス発電所運転管理員 |

水素発電システム開発者

利用するときに二酸化炭素を排出しない水素を製造し、水素で発電するしくみにとりくんでいます。

▲つかいおわったアルミつき紙パックなどを切りひらき、水で洗ってよごれをとったものの中にあるアルミニウムを資源として有効活用している水木伸明さん。

どんな仕事かな？

　水や空気、人体などは、原子という小さな粒子からできています。原子の種類は、元素記号をつかってあらわし、原子番号1の元素は水素で元素記号はH、原子番号8の元素は酸素で元素記号はOというぐあいです。水素は、地球上でもっとも軽い気体です。地球上では、ほとんどが酸素とむすびついて水（H_2O）として存在しています。

　石油や石炭などの化石燃料をつかって発電すると、地球温暖化をもたらす二酸化炭素などの温室効果ガスが排出されます。水素は、利用するときに二酸化炭素を排出しないため、水素をつかって発電するとりくみがはじまっています。

　水木さんの会社では、ごみとして捨てられていたアルミつき包装容器をもとに、純度の高いアルミニウムを回収し、水と反応させて水素をとりだす技術を開発しました。現在は、とりだした水素を電気としてつかえるようにとりくんでいます。

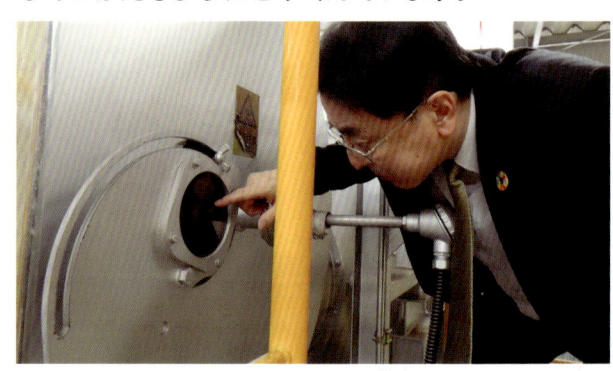

▲アルミニウムは660℃でとけてしまう。この装置で600℃をこえない熱を加えると、アルミつき包装容器についているプラスチックが燃料としてつかわれ、純度の高いアルミニウムだけを回収できる。600℃をこえないように空気の入る量が調整されているかを確認する水木さん。

捨てるのはもったいないがスタート

鉱石のボーキサイトから膨大な化石燃料をつかって製造されるアルミニウムの、使用後の有効活用に挑戦してきました。

水木 伸明 さん
アルハイテック株式会社

この仕事をするきっかけは？

薬の錠剤やカプセルの入ったシートは、アルミニウムとプラスチックからできています。プラスチック部分をおすと錠剤やカプセルがとりだせて、のこりはごみになります。アルミつき紙パックや包装容器も、つかいおわったらごみとして捨てられます。これはもったいないな、資源とエネルギーを回収できないかなと思ったのが、会社を立ちあげ、この仕事をはじめたきっかけです。

◀世界初の水素製造装置「エコ蔵システム・エ小僧」。水木さんがしめしているのは、きれいにしたアルミニウムが自動的に中に落ち、化学反応をスタートさせるボタン。

これだけは伝えたい！

基礎的な勉強をしっかりやろう

みんなが毎日家や学校ですごしているとき、「あれ？ こうしたらいいのにな」と思うことがあったら、それは1つの発見であり、課題です。小中学生のときに基礎的な勉強をしっかりやっておくと、おとなになったとき、発見や課題を整理して、暮らしをかえることができます。しっかり勉強してください。

うれしいこと、たいへんなことは？

北陸地方には、アルミつき紙パック、包装容器の回収協力者が3万人以上います。その人たちの前で、「扇風機をまわします」といって扇風機のプラグをアルミごみからつくった燃料電池のコンセントにさして扇風機をまわすと、皆さんが拍手をしてくださった。とても感動しました。私がやっていることが、皆さんに躍動感、わくわく感をあたえられるとわかってうれしいし、楽しい。この気持ちは、お金にはかえられないうれしさ、楽しさです。

残念なことは、当社がおこなっている事業に対して抵抗感をいだいている方がいることです。これまでとはことなる新たな仕事ですが、よさをみとめ、同じように事業をしようという方がふえるといいなと思っています。

仕事で心がけていることは？

人の心をふみにじったり、うらぎったりすることはしないように心がけています。また、正論でたたかわなければいけないときは、自分の意見をはっきりいうようにしています。仕事をするうえでは、理解しあえる関係をきずくことが大事だからです。

水素発電システム開発者になるには

資格は問われません。新しい技術を開発するための専門的知識とやる気が求められます。

この仕事への道

中学⇒高校・専門学校・大学など	水素発電システムの会社・大学・研究機関など	水素発電システム開発者

太陽電池の研究・開発者

探究心
チームワーク
コミュニケーション

日本の技術で生みだされた、軽くてうすい太陽電池の設置方法の開発をおこなっています。

▲太陽電池の研究・開発者宇野智仁さん。持っているのは、曲げることができるフィルム型ペロブスカイト太陽電池。

どんな仕事かな？

2050年にカーボンニュートラルの達成をめざす日本では、太陽光で発電し、二酸化炭素を排出しない太陽電池に期待が寄せられています。

太陽電池には、シリコン系太陽電池とペロブスカイト太陽電池があります。シリコン系太陽電池は、広い土地に大型のパネルをならべたり、住宅の屋根の上に設置したりして発電します。パネルが重いことと、平地の割合が少ない日本では、設置場所にかぎりがある点が心配されています。

▲ロール状のペロブスカイト太陽電池。

ペロブスカイト太陽電池は、うすくて軽く、柔軟性があるので、シリコン系太陽電池にくらべて設置場所がかぎられずにすむというよさがあります。

ペロブスカイト太陽電池の研究・開発者は、さまざまな実験や計算、評価をおこない、どのように社会に広げていくか、チームのメンバーと議論し、計画を立てて実行する仕事に従事しています。

▲▶重くないので、ビルの壁面にも設置できる。左上の写真では、企業の看板「SEKISUI」の文字の左右に設置されている。右上の写真のタンクのような筒状の壁面にも設置することができる。

軽くて曲がる太陽電池を広めたい

ペロブスカイト太陽電池の普及に貢献できる、
設置方法・設置技術の開発にとりくんでいます。

宇野 智仁 さん
積水化学工業株式会社

この仕事をするきっかけは？

大学院時代に当社のインターンシップに参加し、脱炭素社会の実現に貢献する太陽電池の開発実験を体験したことで、社会貢献の一翼をにないたいと考えたのがきっかけです。入社後、ペロブスカイト太陽電池に必要な部材の開発に従事していましたが、ペロブスカイト太陽電池の特長にあわせた設置技術もふくめて開発していかなければ、お客さまが使用できず、社会に広がらないことを実感し、設置技術の開発をスタートさせました。

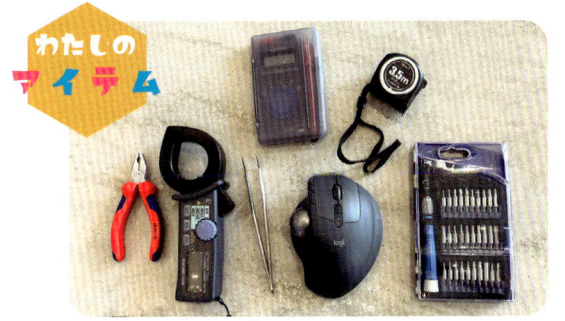

わたしの アイテム

▲工具など、仕事で欠かせないものばかり。下にあるパソコンの大きなワイヤレスマウスはいちばんのお気にいり。

これだけは伝えたい！

挑戦する意欲をもとう！

太陽電池は、うすくて軽い姿にかわりました。この間の人類の挑戦の源泉は、「あふれる好奇心」にあると思います。みなさんも「知りたい、やってみたい」という欲求を我慢せず、むしろ爆発させ、全力で挑戦を楽しんでください。

うれしいこと、たいへんなことは？

できなかったことができるようになったときや、チームのメンバーが成果をだしたとき、困難な課題の解決策を導きだしたときは、うれしいです。

分量、種類ともに多くの仕事が一度に舞いこむとたいへんです。そんなときは、やらなければならないことをかんたんなことばや数字で表現し、いつまでにどうやってやりきるかを決めて、とりくんできました。

心がけていること、仕事の魅力は？

先入観をもたないこと、できない理由を語るより、どうやったらできるかを語ることを心がけています。

仕事の魅力は、自分の考えや行動が、現在、将来の人類から求められている持続可能な社会の実現につながるということを間近で実感できることです。

▲屋上に設置したペロブスカイト太陽電池の耐久性の観察・観測を、定期的におこなっている。

太陽電池の研究・開発者になるには

資格は問われません。これまでにない新技術を開発するためには、専門的な知識と、チャレンジする意欲が求められます。

この仕事への道

中学⇒高校・専門学校・大学・大学院など	電力会社・発電事業企業・企業や大学の研究機関など	太陽電池の研究・開発者

エコ住宅製作スタッフ

快適にすごせる生活環境と室内で、省エネルギーのエコ住宅づくりに力をそそいでいます。

▲住宅の基礎の骨組み部分をチェックする新井隆元さん。（写真提供：新井隆元さん）

どんな仕事かな？

　エコ住宅とは、気密性や断熱性などを高め、冷暖房の消費エネルギーをおさえながら、快適にすごせる「人にも環境にもやさしい住宅」をいいます。冬はあたたかく、夏は涼しくすごせる住宅です。

　エコ住宅のうち、カーボンニュートラルの実現をめざした住宅を ZEH（ネット・ゼロ・エネルギー・ハウス）といいます。快適な室内環境をたもちながら、住宅の断熱化を高めるなど省エネルギーにつとめ、太陽光発電などでエネルギーをつくり、年間に消費する住宅のエネルギー量がおおむねゼロ以下になる住宅をいいます。

　このような住宅を設計したり、現場監督としてつくりあげたりするのが仕事です。

▲住宅をつくる仕事は、設計図をかくことからはじまる。一級建築士の資格をもつ新井さんが作成し、仕事でつかった設計図はかなりの数にのぼる。

◀設計し、完成させた住宅が掲載された雑誌を前に、住宅づくりへのあつい思いを語る新井さん。

住む人によろこばれる家づくり

エコ住宅づくりは、ひとりではなく、多くの職人さんたちと力をあわせてつくっていくよさがあります。

新井 隆元 さん
株式会社建築工房わたなべ

この仕事をするきっかけは？

高校生のとき、進路相談室にあった大学の冊子の中から、工学院大学の卒業生の作品集をみつけました。建物の設計図や、建築の模型の図がいっぱいならんでいたので、ここに行くと絵をかいたり、模型をつくったりできるんだ、楽しそうだなと工学院大学に進んだのです。一級建築士の資格をとるのはたいへんで、猛勉強しました。建築の道に進んだことが、いまの仕事につながっています。

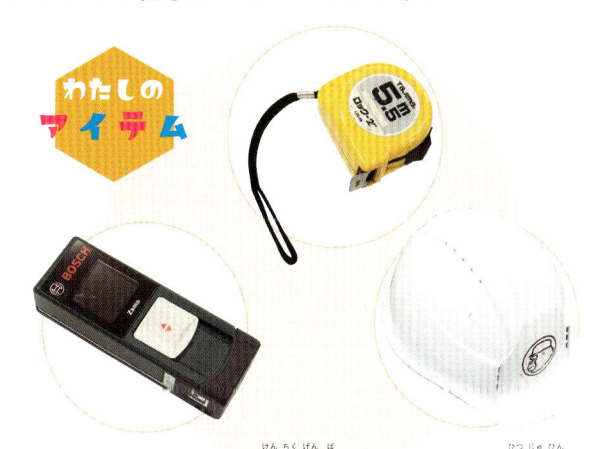

わたしのアイテム

▲長さをはかる道具2点と建築現場でかぶるヘルメットは必需品。

これだけは伝えたい！

好きなことをやりつづけてください

好きなことをみつけて、やりつづけてほしいです。エコ住宅づくりはゼロからはじまるので、やりがいがあります。建築をやりたい、職人になりたい人がふえてほしいです。

うれしいこと、たいへんなことは？

お客さんに「いい家ができてよかった」といってもらえたときはうれしいです。

建築は同じような建物でも一棟一棟ちがうので、ここはどうしようかということが出てきます。それを解決するのは、やりがいであり、楽しいことでもあります。でも、つねにどうしようかなと考えている部分もあるので、それがたいへんですが、考えつづけていると、あるとき「こうすればいいんだ！」と案が出てくることがあり、解決につながります。

心がけていること、やりがいは？

現在、社長が断熱性能や耐震性にすぐれているエコ住宅を設計し、私は現場監督としてつくるほうに専念しています。住宅をつくるうえでは、お客さんや職人さんたちとコミュニケーションをとること、誠心誠意接することを心がけています。

何もないところから、いろいろな職人さんの手が入ってつくりあげていくのはすごいことで、自分はそれをまとめている。とてもやりがいがあります。

エコ住宅製作スタッフになるには

建築士の国家資格があると有利です。住宅建築はひとりではできないので、かかわる人と話しあったり、自分の気持ちを伝えたりする力をやしなうことが求められます。

この仕事への道

中学	高校・専門学校・大学など	建設会社・建築設計事務所など	エコ住宅製作スタッフ（建築士）

バイオ技術者

バイオテクノロジーを用いて、人々のくらしや環境保全などに役だつ技術開発にとりくんでいます。

バイオテクノロジーの専門知識と最新知識があり、研究機器類を機敏に操作できることが必要。

生物が本来もっている能力やはたらきをときあかし、それを有効利用して人間社会に役だつものをつくる技術をバイオテクノロジーといいます。バイオ技術者の仕事は、このバイオテクノロジーを駆使して、新しい技術や製品を研究・開発することです。

バイオ技術者が活躍する場には、医療・ヘルスケア分野（再生医療の技術開発など）、食料・農林水産業分野（機能性食品の開発、農作物の品種改良など）、化学分野（食品や医薬品の原料、工業製品の製造技術の開発など）、環境・エネルギー技術分野（生物資源を利用したバイオマス燃料など、環境に配慮した技術や製品の開発）があります。

この仕事への道

中学・高校	高専・短大・専門学校・大学・大学院	大学・公的研究機関・民間企業研究部門 など	バイオ技術者

脱炭素アドバイザー

企業が脱炭素経営をおこなえるように、専門的知識を生かしてアドバイスします。

事業活動による二酸化炭素排出量などの課題解決策や地球温暖化対策のよさなどを説明する。

気候変動による異常気象などの問題や、地球温暖化に対応するために、温室効果ガスの排出量を削減することが求められています。

脱炭素とは、温室効果ガスの排出量を実質ゼロにすることです。企業などが脱炭素社会を実現させるには、温室効果ガスの排出量の計測や、削減目標の設定、削減案の実施、設備投資の検討など多方面の専門的知識が必要となります。そこで、求められるようになったのが、脱炭素アドバイザーです。環境省が認定する講習と資格試験を受け、合格すると、企業に問題解決にむけてアドバイスすることができます。

この仕事への道

中学⇒高校・短大・大学・大学院 など	金融機関職員・経営コンサルタント・会計士・地方自治体職員・中小企業支援団体職員など	脱炭素アドバイザー認定資格合格	脱炭素アドバイザー

省エネ家電開発者

探究心
チームワーク
コミュニケーション

消費電力が少ない家電製品を開発します。

　省エネとは、電気（エネルギー）を効率よく使用して、むだな電気をつかわないことをいいます。冷蔵庫やエアコン、テレビ、炊飯器、電子レンジ、照明器具などの家電製品を、これまでの材料や製造方法などをみなおして、省エネの家電製品を開発することが、省エネ家電開発者の仕事です。省エネ家電は、それまでの製品にくらべて電気代も安くすむので、消費者にも歓迎されています。

　省エネ家電開発の仕事につくには、家電メーカーや電気機械メーカーなどに就職し、開発チームの一員になる道があり、機械、電気・電子系の専門知識が求められます。このほかに、大学や企業の研究機関に就職し、AI（人工知能）をくみこんだスマート家電の開発に加わる道も注目されています。

この仕事への道

中学⇒高校・高専・専門学校・大学・大学院など	家電メーカー・電気機械メーカーなど	省エネ家電開発者

節水型機器の開発者

探究心
チームワーク
コミュニケーション

つかう水の量が少なくてすむ機器を開発します。

　節水型機器とは、快適につかえて、使用する水の量がこれまでより少なくてすむものをいい、節水型蛇口、節水型トイレ、節水型シャワーヘッドなどがあります。節水型機器にとりかえると、つかう水の量をへらすことができることと、家庭や企業、公共施設などの水道料金がこれまでより安くすむというよさがあります。温水が出る蛇口やシャワーヘッドなどは、ガス代の節約にもつながります。

　節水型機器の開発には、対象とする製品をどのようなものにするかを研究・開発していくので、金属や形状に対する知識や技術力が求められます。

　節水型トイレの場合は、製造上の知識・技術力に加えて、シミュレーション技術や3Dプリンターなどのデジタル技術の知識も求められます。

この仕事への道

中学⇒高校・高専・専門学校・大学・大学院など	水まわり機器のメーカー	節水型機器の開発者

省エネリフォーム業者

手先の器用さ
探究心
地道にこつこつ

リフォームで、快適な住まいにします。

　住まいのリフォームを検討している家庭の調査では、リフォームで改善したいこととして「光熱費を安くしたい」、「水道代を安くしたい」、「カビの発生を抑制したい」、「冷暖房の効きを良くしたい」、「窓の結露を防ぎたい」、「部屋によって寒暖差を軽減させたい」などがあげられています。（出典：平成30年度環境省 COOL CHOICE 省エネ住宅推進事業「1万人調査報告書」）

　天井裏、床下、外壁、浴室に断熱材を施工する、二重窓にするなどの断熱リフォームをおこなうと快適で住みやすい省エネ住宅に生まれかわります。

　省エネリフォーム業者になるには、省エネリフォームをおこなう建築会社や工務店などにつとめ、必要な技術を身につけることが求められます。

この仕事への道

中学・高校・専門学校・大学など	建築会社・工務店など	省エネリフォーム業者

衣服のリペア、リメイク技術者

手先の器用さ
アートセンス
地道にこつこつ

衣服に手を加え、長くつかえるようにします。

衣服の袖口や裏地、ポケットなどのいたんだところを修理することをリペアといい、和服（着物）をワンピースやスカート、パンツ、シャツ、ガウン、バッグなどにつくりなおしたり、おとな用の衣服をこども用の衣服にしたてなおしたりすることをリメイクといいます。どちらも、長く、たいせつにつかうことができ、ごみをへらせる方法です。

リペアやリメイクをおこなう業者には、洋服リフォーム専門店があります。衣服を製造や販売する事業者の中には、自社製品であればリペアやリメイクに対応するところもあります。

衣服のリペア、リメイク技術者になるには、デザインセンスと、きれいにつくりなおせる縫製技術を習得しておく必要があります。

この仕事への道

中学・高校・専門学校・大学など → 洋服リフォーム専門店・縫製会社 → 衣服のリペア、リメイク技術者

食品ロス削減取組者

体力
チームワーク
コミュニケーション

食品のごみの量をへらすとりくみをしています。

食品ロスとは、食べられるのにごみとして捨てられてしまう食品をいいます。日本の食品ロスの量は、年間472万トン（令和4年度推計値）にのぼり、その半分の236万トンは、食品製造業、外食産業、食品小売業、食品卸売業の事業活動から発生しています。売れのこり、規格外の野菜や自然災害で傷ついた果物など、返品、食べのこしなどです。

食品関係の販売店では、商品を食品棚の手前から消費期限の短い順にならべ、お客さんがすぐ食べるときは、手前からとってもらう「てまえどり」の広告を設置する、事業所では、容器包装をくふうする、納品期限をみなおすなどのとりくみをしています。

食品ロス削減取組者になるには、食品ロスに対する知識と、問題解決意識が求められます。

この仕事への道

中学・高校・専門学校・大学など → 食品の製造・販売・卸売の事業所、外食産業の事業所など → 食品ロス削減取組者

つかいすて製品削減取組者

探究心
チームワーク
コミュニケーション

資源をむだにしないとりくみです。

くりかえしつかえて、環境にもやさしい製品の開発が進んでいます。

食べ物をいれた皿や小鉢、飲み物が入ったカップなどにかぶせるプラスチック製ラップにかわって、洗ってくりかえしつかえる大小さまざまなシリコン製のふたが製造・販売されています。

冬の防寒グッズのカイロは、充電式でくりかえし

つかえるものが販売されています。

ケーキの箱や、料理などの持ちかえり用の容器には、紙製でもくりかえし洗ってつかえて携帯に便利な折りたたみ式のものが開発されています。

このような製品を開発・製造・販売する仕事につくには、問題点、改善点などを理解し、まわりの人に商品の利点を説明できる力が求められます。

この仕事への道

中学・高校・専門学校・大学など → いろいろな製品の製造会社・容器の製造・販売会社など → つかいすて製品削減取組者

さくいん 1巻〜4巻 (全120職種)

さくいん

社会体験授業

職場体験や企業訪問は、自分たちがくらす地域の会社やはたらく人への理解を深め、仕事への愛着や親しみをもつことにもつながります。ここでは埼玉県川越市の中学1年生が3日間、地元の事業所に出むいて、体験授業をしたようすと、その発見や感想をみていきましょう。

川越市立寺尾小学校

授業中にふざけている児童や遊んでいる児童がいたときは、先生がすぐに怒るのではなく、何のときにどういうことをしてはいけないか、という説明をきちんとしていた。

今回の体験でいちばん印象にのこったことは、児童への接し方です。ことばをかんたんにしてみたり、しゃがんで目線をあわせたり、児童がわかりやすいように、安心できるようにするためのくふうを学んだ。

教師というのはふだん毎日みているけれど、社会体験を通じてちがう視点からもみられるようになった。

1年生の児童と遊んで楽しかったし、いろんな子が話しかけてくれたのでうれしかった。

先生という職業は、児童をあずかり勉強を教えるなどいろいろな気持ちがあるのだと社会体験を機に知った。これからはもっと先生に感謝して、なるべくめいわくはかけないようにしたいと思った。

▲図工の時間に小学生をみまもる生徒。

◀小学校で体験授業をした5人の生徒たち。

森田洋蘭園

花ふきは立ち作業なので、長い時間立ってたいへんだった。その体験をさせていただき体力も高まった気がした。

いろいろな作業をして、細かくて地味な作業もあった。こういう作業があるから世の中は成りたっていると思った。つきたい仕事につけるように勉強をがんばろうと思った。

仕事場にいる人たちと同じことをさせてもらい、たいへんさなども味わえた。責任感をもち仕事にはげむことができた。

▲ 販売用の胡蝶蘭の葉にワックスをかけ、きれいにする体験をした。

山岸造園

人生ではじめてつかう猫車、それと塵芥車について教わり、空気を放出して砂などを掃除する道具などをつかわせてもらった。

仕事のきびしさを教えてくれたり心配もしてくれたり、とてもいい人ばかりでした。これから社会人になるとき、このことを思いだしてがんばりたいと思った。

社会体験をはじめる前は、こんなにキツイ作業があると思っていなかったのでおどろいた。

今回の社会体験で知ったことは社会のきびしさです。ぼくは将来鉄道の運転士になりたいので、今回の経験を生かしていきたいと思った。

▲市営住宅でせんてい（木の葉や枝をかり、形をととのえる）作業の体験をした。

▶係の方にみまもられながら、せんていにより発生した材をパッカー車（塵芥車）にはこんだ。

▲レジで文房具を販売する体験をした。

小江戸温泉KASHIBA

最初は仕事内容がわからなくてこまっていたけど、店の人がわかりやすく教えてくれてじょじょにできるようになった。

社会体験をして、お客さんのことをみて何をしたらよいかなどを考えることができた。

KASHIBAの裏はこんな感じで、こんなにたいへんなのだと思った。おとなになったらこれらを生かしていきたいと思った。

自分が社会人になったときのために、今回の社会体験で学んだことを生かせるようにしていきたいと思った。

木村屋商店

責任感や技術も大事だけど、お客さんとのコミュニケーションをとることで気軽に話せたり安心することができたりと感じた。

いつもお客さん側で行っていたので、店員さん側になれてうれしかった。品出ししたり接客したりでたいへんだったけど楽しかった。

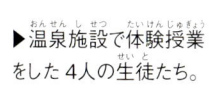

▶温泉施設で体験授業をした4人の生徒たち。

▼お客さんが食事をするところで、食器の後かたづけを体験した。

[新・仕事の図鑑] 編集委員会

取材・文
難波節代

イラスト
ニシハマカオリ

制作協力
有限会社大悠社

デザイン
Sense of Wonder

撮影
割田富士男

編集・制作
有限会社データワールド

未来へ ステップ！
新 仕事の図鑑

4 環境とカーボンニュートラル

2025年3月28日　初版発行

編集　［新・仕事の図鑑］編集委員会
発行者　岡本光晴
発行所　株式会社あかね書房
　　　　〒101-0065　東京都千代田区西神田 3-2-1
電話　03-3263-0641（営業）03-3263-0644（編集）
印刷所　TOPPANクロレ株式会社
製本所　株式会社難波製本

取材協力（敬称略・掲載順）
気象庁気象研究所
株式会社ウェザーマップ
国立研究開発法人海洋研究開発機構
クリーンセンターいず
荏原環境プラント株式会社
早稲田大学 所研究室
鹿島建設株式会社
株式会社渋谷潜水工業
株式会社e-Gle
株式会社創研エンジニアリング
羽村バイオガス発電所
株式会社西東京リサイクルセンター
アルハイテック株式会社
積水化学工業株式会社
株式会社建築工房わたなべ
川越市立南古谷中学校
川越市立寺尾小学校
有限会社森田洋蘭園
株式会社山岸造園
株式会社木村屋商店
小江戸温泉KASHIBA

写真提供（敬称略・掲載順）
株式会社ウェザーマップ
国立研究開発法人海洋研究開発機構
浅野一大
山木克則
株式会社渋谷潜水工業
株式会社e-Gle
株式会社西東京リサイクルセンター
アルハイテック株式会社
積水化学工業株式会社
新井隆元

掲載協力
気象庁
岩波書店

※この本に掲載されている内容は2024年取材・執筆
　時のものです。

NDC600

［新・仕事の図鑑］編集委員会
未来へ ステップ！ 新・仕事の図鑑　4
環境とカーボンニュートラル

あかね書房　2025年　47p　27cm×22cm

未来へ ステップ!

新 仕事の図鑑

第1期

全4巻